Lettre sur la mort d'un jeune Elève du Petit-Séminaire de S. A.

S. A.   Juin 1825.

Je voudrois, mon cher Ami, pouvoir vous communiquer les émotions salutaires que mon ame a éprouvées à la vue du touchant spectacle dont je viens d'être témoin. J'ai vu un jeune enfant mourir de la mort des Saints; je l'ai vu, au milieu des plus cruelles souffrances et en même-temps des plus douces consolations de la foi, abandonner un monde où il n'avoit fait que paroître, pour s'envoler, plein de confiance et d'amour, dans le sein de Dieu.

Edmond de Laage (c'est le nom de l'enfant privilégié dont je veux vous entretenir), né à Orléans, étoit élève de Sixième au petit Séminaire de S. A. On dit que ses pieux parens avoient pour lui une tendresse peu ordinaire, et je le crois sans peine; car il justifioit cette vive affection par le plus heureux naturel : aménité, de caractère, docilité, prévenance, douceur, ingénuité, piété sincère, il réunissoit toutes les qualités aimables qui concourrent à relever les charmes de l'innocence dans un enfant bien né et élevé avec soin.

Vous pourrez juger de ses dispositions habituelles par un seul trait. L'année dernière, au moment du départ pour les vacances, sentant déjà tout ce que ce temps de repos et de liberté peut avoir de funeste pour la jeunesse, il alla trouver son Professeur, lu ouvrit son cœur sur les dangers qu'il prévoyoit, et lui proposa d'unir ses prières aux siennes, en récitant à son intenti on le *Memo rare* deux fois par semaine, pour lui obtenir, disoit-il, la grace de bien passer les vacances et de n'avoir pas le malheur de tomber dans le péché mortel. La proposition fut accueillie comme elle devoit l'être, et tout me porte à croire que cette pieuse pratique lui aura été salutaire.

En effet, au retour des vacances, il se montra plus exact observateur de la règle, et, s'il est permis de s'exprimer ainsi, moins enfant qu'il ne l'étoit l'année précédente. Depuis long-temps il désiroit vivement être admis à faire sa première communion : ce désir s'enflamma de plus en plus, et le fit redoubler d'efforts pour vaincre enfin les deux seuls défauts qui pussent mettre obstacle à son bonheur. Naturellement léger, et par-là même peu capable d'une application suivie, il sut en peu de temps se dompter lui-même sur ce point essentiel, et mérita d'être compté parmi les élèves attentifs et laborieux de sa classe. Ce changement étoit l'ouvrage de la foi, aussi fut-il complet et durable; et nous le regardâmes avec raison comme une preuve non équivoque des dispositions saintes dans lesquelles il fit sa première communion.

Cette grande action ajouta, comme il arrive toujours chez les enfans dociles aux impressions de la grâce, une nouvelle ardeur à sa piété. Des témoins oculaires m'ont dit avoir été plus d'une fois, depuis cette époque, frappés de sa modestie et de son recueillement dans le lieu saint. La délicatesse de sa conscience étoit remarquable; il avoit horreur d'une faute volontaire et délibérée, et dans ses doutes il recouroit à son directeur : c'est ce qu'il faisoit surtout lorsqu'il se trouvoit embarrassé sur la manière de se conduire avec quelques condisciples moins fervens que lui.

Tel étoit Edmond, lorsque le Ciel, qui sans doute vouloit le soustraire aux dangers d'une plus longue vie, termina tout-à-coup sa carrière par un accident imprévu. Le

Mercredi avant la Pentecôte, un de ses condisciples avec lequel il jouoit, lui porta par mal-adresse un coup qui lui fit entre l'œil droit et le nez une légère blessure. On prit sur-le-champ les précautions convenables en pareil cas; et deux jours après, il se trouva en état de suivre tous les exercices du collège.

Sur ces entrefaites, quelqu'un ayant eu la foiblesse de chercher à lui inspirer des pensées d'aigreur et de ressentiment, en fut accueilli, comme il l'a depuis avoué lui-même, d'une manière qui le couvrit de confusion. Non content de cette première victoire, Edmond alla sur-le-champ trouver l'auteur de sa blessure; le voyant triste et inquiet, il s'efforça de le consoler, de le rassurer, et ne le quitta qu'après lui avoir donné tous les témoignages de la plus sincère amitié.

Il s'étoit disposé à communier le jour de la Pentecôte, mais une peine de conscience l'empêcha de se présenter à la Sainte Table. Son confesseur à qui il en parla dans la journée le rassura et lui proposa de communier le lendemain. *Mon Père*, répondit le pieux enfant, *demain il y a classe, je craindrois de n'avoir pas assez de temps pour prier. Si vous le permettez ce sera pour le jour de la Sainte Trinité.* Mais il ne devoit pas célébrer cette Fête ici-bas.

Cependant sa blessure étoit cicatrisée, et rien n'annonçoit aucun danger pour lui, lorsque le Mercredi de la Pentecôte, dans la matinée, il dit à un de ses condisciples qu'il mourroit bientôt, qu'il venoit de se confesser pour se préparer à communier le Dimanche suivant. Quelques momens après, plein de l'idée de sa mort prochaine, il écrivit à ses parens, dans une lettre qu'on a trouvée depuis parmi ses papiers, ces paroles remarquables: *Je ne sais quel pressentiment j'ai que je mourrai avant la fin de l'année. Priez au moins bien Dieu pour moi, afin que si vraiment je dois mourir, je puisse le faire saintement, et aller prier pour notre famille dans le Ciel.*

Ce jour là même il commença à ressentir les premières atteintes du Tétanos. Cette maladie est une tension de nerfs extraordinaire qui a trois caractères effrayans : 1°. Elle peut être déterminée par la plus légère lésion organique, par une simple piqûre d'épingle qui auroit offensé un nerf : 2°. Elle se joue de tous les remèdes; sur cinquante malades on n'en compte pas deux qui en échappent : 3°. Son effet est si prompt que le tempérament le plus robuste peut à peine résister quelques jours. Le Jeudi matin, on reconnut que c'étoit l'espèce de tetanos connu sous le nom de *Trismus*, dont l'effet est de resserrer tellement les machoires, qu'il seroit impossible de les séparer et de rien faire prendre au malade, si, à l'apparition des premiers symptômes, on ne se hâtoit de placer un corps solide entre les dents. Cette précaution ne fut pas négligée; mais le mal n'en fit pas moins les progrès les plus rapides, et bientôt ce ne fut plus qu'une longue agonie, accompagnée de convulsions violentes et continuelles. Dieu cependant lui conserva, jusqu'au dernier soupir, le plein usage de la raison, sans doute afin que nous pussions profiter des grands exemples de foi, de courage, de détachement, qu'il devoit nous donner.

On ne lui dissimula point le danger de son état, et comme on vouloit l'exciter à la résignation, *Oui,* dit-il, et répéta-t-il souvent, *oui, je suis bien résigné... je crois... j'espère... j'aime bien le bon Dieu, je suis résigné à toutes ses volontés.* Dès-lors il se trouva détaché sans effort de tout ce qu'il avoit de plus cher au monde, de ses parens, de la santé, de la vie ; et pensant à l'abondance des secours spirituels réunis autour de lui, il dit plusieurs fois qu'il s'estimoit heureux de mourir à S. A.

Pour l'affermir contre les terreurs qui accompagnent ordinairement les approches de la mort, on lui demanda s'il ne désiroit pas qu'on lui donnât l'Extrême-Onction. *Oh oui!* s'écria-t-il avec transport, *je serai bien content de la recevoir ;* et il la reçut avec la plus édifiante piété, voulant répondre lui-même à toutes les prières de l'Eglise. Le secours de ce Sacrement ne lui fut pas inutile. Il paroît que le Démon lui livra des combats visibles. A diverses reprises on le vit faire des mouvemens de la tête et des bras comme pour repousser quelqu'un, et s'écrier : *Tu m'ennuies, va-t-en, va-t-en ;... Non je ne veux pas de toi... Tout à vous, ô mon Dieu, et de tout mon cœur.* Dans une autre crise semblable, il commença de lui-même à haute voix l'Oraison Dominicale, que tous les assistans continuèrent avec lui. Quelques temps après, comme il paroissoit plus agité, un de ceux qui l'entouroient lui dit : *Ne craignez pas, mon enfant, nous sommes cinq Prêtres autour de vous. Oh ! je n'ai pas peur, mon Père,* répondit-il ; puis il ajouta d'un ton de voix si pénétrant qu'il nous arracha à tous des larmes : *Jésus, mon Dieu, mon Dieu, ayez pitié de moi, jettez un regard sur moi dans cette misérable vie... O mon Dieu, je remets mon âme entre vos mains.*

Comme son Confesseur lui parloit du Ciel. *Mon Père*, lui demanda-t-il, *croyez-vous que j'aille en Paradis ? Oui, mon enfant*, lui répondit-on, *par la misésicorde de Dieu vous irez en Paradis. En Paradis*, reprit l'enfant avec un transport de joie, *en Paradis ! et pour toujours.... Ah ! je l'espère.*

Ses douleurs devenoient-elles plus cuisantes, il élevoit les bras vers les images de la Sainte Vierge et de plusieurs Saints placés près de son lit, et leur disoit avec une effusion de cœur inexprimable : *Ma bonne mère, aidez-moi... Saints Anges... Saint Louis de Gonzague, priez pour moi.*

Il demandoit le nom des personnes qui l'assistoient ou qui venoient le visiter ; c'étoit pour réclamer le secours de leurs prières, et leur promettre les siennes quand il seroit auprès de Dieu. Après avoir été très-attaché à ses maîtres pendant sa vie, il ne les oublia pas même au milieu des douleurs de la mort. Parmi les témoins de ses derniers combats, étoient plusieurs de ses condisciples de Sixième et son Professeur. Celui-ci, en arrivant auprès de lui, eut la consolation d'apprendre que le malade venoit de dire qu'il pricroit bientôt pour lui dans le Ciel. *Voilà*, lui dit-on, *votre cousin E...* Ah! lui cria-t-il, *prie bien le bon Dieu pour moi; je prierai pour toi quand je serai en Paradis. Dis à J...* (un autre de ses cousins) *que je lui demande pardon des peines que je lui ai faites; mais bientôt je prierai Dieu pour lui.* Pardonnez-vous, lui disoit-on, *à celui qui vous a blessé? Oui*, répondit-il, *et de tout mon cœur; il ne l'a pas fait exprès.*

Après qu'il eut rempli ces devoirs d'humilité et de charité, il lui vint une inquiétude: il craignoit de n'avoir pas assez bien récité le *Veni Creator* qui lui avoit été donné pour pénitence le Samedi précédent. Il pria qu'on voulut bien le dire avec lui; et quoique ses forces fussent considérablement diminuées, (car il n'avoit plus guère qu'une demi-heure à vivre) il voulut absolument prononcer toutes les paroles. Il récita de plus un *Pater* et un *Ave*, mais d'un ton si pénétrant, qu'il fit répandre des larmes de dévotion à ceux qui entouroient son lit de mort.

Aussitôt après, le malade demanda avec instance le Saint Viatique. *L'Eucharistie,* disoit-il les larmes aux yeux ; *veuillez me donner l'Eucharistie.* On lui représenta que son état ne le permettoit pas pour le moment, qu'il ne pouvoit rien prendre de solide, qu'on verroit un peu plus tard, que le soir peut-être... *Mais ce soir,* reprit-il, *il ne sera plus temps.*

Depuis deux mois, il postuloit, selon l'usage, pour entrer dans la Congrégation des Saints-Anges. Il témoigna le regret qu'il auroit de mourir sans y avoir été admis ; et demanda qu'on lui permît de faire sur-le-champ sa consécration. Lorsqu'il vit qu'on en alloit prononcer pour lui la formule, il se recueillit, et la répéta à voix basse avec une ferveur extraordinaire.

Content de se voir enfin associé aux Saints Anges, il continua de se livrer à ses pieux élans vers le Ciel. Non seulement il entroit dans tous les sentimens d'amour et de confiance qu'on lui suggéroit; il y ajoutoit encore de tendres affections qui ne pouvoient lui être inspirées que par l'Esprit-Saint. Lorsqu'il s'entretenoit avec lui-même, en prêtant l'oreille, on l'entendoit prononcer les noms de Jésus, de Marie et de ses Saints Patrons.

Dans une forte crise on crut qu'il alloit passer, et l'on commença les Litanies de la Sainte Vierge, (car déjà les prières des agonisans avoient été récitées): aussitôt, malgré la difficulté de la respiration, il éleva la voix pour y répondre.

Ses douleurs alloient toujours croissant;

mais au milieu des plus violens assauts, au milieu même des convulsions qui l'agitoient, jamais il ne perdit la présence d'esprit, jamais il ne lui échappa un mouvement d'impatience, un signe de tristesse, une plainte, ni même un mot sur ses souffrances, qui cependant nous paroissoient excessives. L'un de nous lui ayant demandé s'il souffroit beaucoup. *Oui, beaucoup*, répondit-il; puis, comme confus de cet aveu, il ajouta en élevant la voix : *Mais Notre-Seigneur !...... et les martyrs !*

Il redoutoit extrêmement une certaine boisson que le médecin avoit ordonnée. Lorsqu'on lui en présentoit, il se contentoit de dire à l'infirmier avec beaucoup de douceur: *C'est inutile puisque je dois mourir; cependant je ferai comme vous voudrez.* En même-temps il saisissoit la coupe amère, et s'en abreuvoit avec un courage qui nous remplissoit d'étonnement.

On lui donnoit souvent le Crucifix à baiser,

et il le recevoit toujours avec la plus tendre dévotion. Une fois pourtant il lui arriva de détourner la tête. Mais s'appercevant aussitôt de sa méprise, il dit tout haut avec un serrement de cœur qui redoubla nos larmes : *Pardon, mon Père, je ne voyois pas ; c'est que je ne vois plus clair.* En effet son dernier instant approchoit.

A trois heures moins un quart, son Professeur et ceux de ses condisciples qui l'assistoient, furent obligés de le quitter ; il leur fallut se rendre en classe, laissant, comme le disoit l'un d'entre eux, cet ange aux portes du Paradis. Le Professeur voulut entretenir ses élèves du spectacle qu'il venoit d'avoir sous les yeux. Mais les sanglots étouffèrent sa voix, et il ne put faire autre chose que de fondre en larmes : ses élèves attendris en firent autant, et tous ensemble ne cessèrent de pleurer jusqu'à trois heures. En ce moment, on entendit la cloche de l'Eglise, que l'on a coutume, dans le diocèse d'A. de sonner tous les Vendredis, en mémoire de l'agonie de N.-S. Le Professeur alors reprit la parole et dit : *Mes enfans, récitons ensemble un Ave Maria, pour obtenir que Notre Seigneur veuille bien prendre Edmond à cette heure de bénédiction.* Dans cet instant-là même Edmond rendoit le dernier soupir, et son ame s'envoloit au sein de Dieu. Dès que ceux qui l'environnoient se furent assurés qu'il avoit passé, les larmes cessèrent, une consolation sensible pénétra leurs cœurs, et quelque chose approchant du sourire de la joie vint comme malgré eux se placer sur leurs lèvres. *Ah! cher enfant,* disoient-ils en le regardant et en s'adressant à lui, *puissions-nous mourir comme vous !*

Ce n'est pas seulement sur les spectateurs, mais sur tous les habitans de S. A. que cette mort fit la plus vive et la plus douce impression. Pas un qui ne fût persuadé de son bonheur, qui n'enviât son sort. Ce vœu étoit hautement exprimé. *Oh! que je voudrois bien être là, à sa place,* se disoient même les plus jeunes, en le considérant sur son lit funèbre. La chambre du défunt ne désemplit pas le reste de la journée et le lendemain ; tous vouloient se donner la consolation de voir encore une fois ces traits qui représentoient si bien le sommeil du juste. Les Congréganistes des Saints Anges se succédèrent, dix par dix, les uns aux autres, pour réciter ensemble auprès de lui l'Office des Morts, et se recommander à ses prières en même-temps qu'ils prioient pour lui. Le soir, un des prêtres témoins de sa mort, lui fit une espèce d'Oraison funèbre, d'autant plus touchante qu'il parloit, pour ainsi dire, en famille, et que l'adulation ne pouvoit entrer pour rien dans l'éloge qu'il faisoit de ses vertus. Le même prêtre eut la dévotion de l'ensevelir de ses propres mains. Le Professeur de Sixième fut obligé de rechercher les copies de devoirs du défunt, pour les distribuer à ses condisciples; toutes ces copies portent l'empreinte de la piété, toutes sont ornées des noms de Jésus et de Marie, et des devises ou emblêmes chers aux cœurs éminemment religieux.

Une mort aussi sainte fera époque pour le Petit Séminaire de S. A., et le nom d'Edmond de Laage vivra toujours dans la mémoire de ceux qui, l'ayant vu vivre et mourir, ont eu lieu de reconnoître en lui ce que peut la grace sur les cœurs purs et innocens.

Sa mémoire est surtout en bénédiction dans la classe de Sixième, où ses condisciples lui ont consacré, d'un consentement unanime, la petite prière de trois heures, afin de se rappeler sa bienheureuse mort. Le Vendredi à la même heure, ils prient leur Professeur de les mener sur la tombe de leur cher Edmond. *

---

* Le Cimetière tient à l'Eglise et à la Maison.

On a placé sur l'endroit où il repose une croix et une pierre sépulchrale qui porte cette inscription :

† Edmundus DE LAAGE, *anno œtatis* XIV, *piè et sanctè obdormivit in Domino, die* XXVII *maii, anno Domini* MDCCCXXV.
R. J. P.

IMPRIMERIE DE LEDIEN-CANDA.

www.ingramcontent.com/pod-product-compliance
Lightning Source LLC
Chambersburg PA
CBHW071430060426
42450CB00009BA/2108